LES 25 MEILLEURS ENDROITS À VISITER EN
PARIS

1. Catedral de Notre Dame

Uno de los símbolos más perdurables de París: Notre-Dame de París, también conocida como Notre Dame, es una catedral católica romana situada en la parte oriental de la Ile de la Cité. Está considerada como uno de los mejores ejemplos de la arquitectura gótica francesa en Francia y Europa. Con sus entradas rodeadas de sus numerosas esculturas y gárgolas que adornan el techo, esta catedral, iniciada en 1163 y terminada en 1345, es una maravilla para la vista.

Se recomienda hacer un recorrido por la catedral antes de entrar y subir los 387 escalones hasta la cima de las torres. El viaje hasta la cima de las torres es agotador, pero le recompensa con una vista panorámica de la región y vistas de cerca de las icónicas gárgolas.

Recuerdos

La fecha:

2. Museo del Louvre

El Louvre es el museo de arte más visitado del mundo. Este antiguo edificio, antiguo palacio real, está situado en el corazón de París y tiene una superficie total de 210.000 metros cuadrados, de los cuales 60.600 son para exposiciones. El museo se encuentra en el Louvre, que fue una fortaleza construida por Felipe II a finales del siglo XII. Los restos de la fortaleza pueden verse en el sótano del museo.

La colección cuenta con ocho secciones:

- Esculturas de la Edad Media, el Renacimiento y la Edad Moderna
- Objetos de arte
- Pinturas
- Artes gráficas
- Antigüedades egipcias
- Antigüedades orientales
- Griegos, etruscos y romanos
- Arte islámico

Recuerdos

La fecha:

3. Campos Elíseos / Arco del Triunfo

Napoleón encargó a Jean Chalgrin la construcción de un arco de triunfo dedicado a las glorias de los soldados imperiales, bajo el hechizo de la antigua arquitectura romana. Es el mayor monumento del mundo en su género, ya que fue construido en el siglo XIX. Sus pilares están adornados con impresionantes esculturas. En la cima del arco están inscritos los nombres de 558 generales, así como los principales triunfos. Bajo el Arco del Triunfo se encuentra la Tumba del Soldado Desconocido de Francia.

Desde la terraza panorámica de la puerta se puede disfrutar de una maravillosa vista de París. El Arco del Triunfo tiene 50 metros de altura, 45 metros de ancho y 22 metros de profundidad en la Plaza de la Estrella, que conduce a los Campos Elíseos, apodados "el bulevar más bello del mundo", y que entre la Plaza de la Concordia y el Arco del Triunfo tiene una extensión de 1,9 kilómetros. Hay numerosas tiendas de alta gama (Louis Vuitton, Cartier, Guerlain, Montblanc, etc.), lugares de entretenimiento (Lido, teatros) y cafés y restaurantes conocidos (Fouquet's).

Recuerdos

La fecha:

4. Torre Eiffel

¿Qué sería de París si no tuviera su emblemática Torre Eiffel? Fue construida por Gustave Eiffel para conmemorar el centenario de la Revolución Francesa y se inauguró durante la Exposición Universal de París de 1889. Con unos 7 millones de turistas al año, es uno de los lugares más visitados del mundo, con 324 metros de altura.

La Torre Eiffel 58, de dos pisos y 58 metros de altura, se encuentra en el primer piso. La vista desde el segundo nivel es la más grande, a 115 metros, con una vista en picado de la tierra de abajo. Por último, en el tercer nivel, a 275 metros de altura, se puede ver cómo era el despacho de Gustave Eiffel. Los más atrevidos pueden utilizar las escaleras y ascender los peldaños (1.665 hasta la cima).

La subida a la cima de la Torre Eiffel es una visita obligada si quiere obtener una perspectiva espectacular de París.

Recuerdos

La fecha:

5. Montmartre

Montmartre es una colina de 130 metros de altura situada en la periferia noroeste de París que da nombre al barrio vecino. La Basílica del Sagrado Corazón, de cúpula blanca, situada en la cima, es su elemento más famoso. Fue terminada en 1919 y está dedicada a las víctimas francesas de la guerra franco-prusiana de 1870.

Si está en la zona, pásese por la plaza del Tertre, que está a pocas manzanas de la Basílica. Muchos artistas han instalado sus caballetes para pintar a los turistas o para exponer sus obras. La Plaza del Tertre es un recuerdo del periodo de principios del siglo XX en el que Montmartre era el epicentro del arte contemporáneo, con pintores como Amedeo Modigliani, Claude Monet, Pablo Picasso y Vincent van Gogh trabajando allí. A pocos metros de la plaza del Tertre se encuentra el Espace Salvador Dal, un museo dedicado principalmente a la escultura y los dibujos del pintor español.

En Montmartre se encuentra el mundialmente famoso cabaret Moulin Rouge.

Recuerdos

La fecha:

6. Palacio de Versalles

El castillo de Versalles es el más conocido de Francia. Versalles fue el centro del poder político del Reino de Francia desde 1682 hasta 1789. Se construyó en el siglo XVII como símbolo de la destreza militar francesa y como demostración de la supremacía francesa en Europa. Este enorme complejo de edificios, jardines y terrazas es una visita obligada para cualquier visitante, que quedará encantado con los lujosos alojamientos, el opulento mobiliario y las doradas piezas de arte del Renacimiento.

Los Apartamentos de Estado y el famoso Salón de los Espejos, la cámara de la Reina, son las primeras paradas en su visita a Versalles. No se pierda un paseo por los conocidos jardines "franceses".

Recuerdos

La fecha:

7. El Barrio Latino - Parque de Luxemburgo

La Sorbona está situada en la orilla izquierda del Sena, en el Barrio Latino de París. El Barrio Latino alberga varios centros de enseñanza superior, como la Escuela Normal Superior, la Escuela de Minas de París y la Escuela Politécnica. Es conocido por su vida estudiantil, su ambiente animado y sus bares. La lengua latina, que antes se hablaba mucho en la Universidad y sus alrededores porque el latín era la lengua internacional de estudio en la Edad Media, inspiró el nombre de la zona.

El Parque de Luxemburgo es un jardín público que se creó en 1612 a petición de María de Médicis para acompañar al Palacio de Luxemburgo. Los parisinos lo llaman cariñosamente el "Luco". El Palacio de Luxemburgo, donde tiene su sede el Senado, está rodeado de un jardín. Ha sido rediseñado por André Le Nôtre y es muy agradable de recorrer; también hay un huerto, varias especies de manzanas, un colmenar y una colección de orquídeas en el invernadero. Hay 106 estatuas, entre ellas una réplica en bronce de la Estatua de la Libertad, así como tres hermosas fuentes.

Recuerdos

La fecha:

8. Moulin Rouge

El Moulin Rouge es un cabaret que tiene el mérito de ser el hogar espiritual del afamado cancán francés. Fue creado en 1889 por Joseph Oller y Charles Zidler en pleno Pigalle, al pie de la colina de Montmartre. El cancán, que comenzó como un baile de cortejo, dio origen al cabaret, que hoy se encuentra en muchas naciones del mundo. El Moulin Rouge es ahora una atracción turística que entretiene a visitantes de todo el mundo.

Su estilo y su nombre han sido copiados y adoptados por varios clubes nocturnos de todo el mundo, incluido el de Las Vegas. Además, varias películas, como la superproducción de Baz Luhrmann de 2001 protagonizada por Nicole Kidman y Ewan McGregor, han aumentado el renombre del cabaret.

Recuerdos

La fecha:

9. Museo de Orsay

El Museo de Orsay, situado en la orilla izquierda en una antigua estación de ferrocarril, es conocido por su amplia colección de pinturas impresionistas. Se exponen cuadros de artistas franceses como Degas, Monet, Cezanne y Van Gogh, entre muchos otros. En el museo se exponen varias esculturas, así como fotografías y muebles. A través del enorme reloj transparente del museo, podrá obtener una impresionante vista de la Basílica del Sacré-Coeur si sube al balcón superior del museo.

Aunque parezca que el inmenso Louvre recibe la mayor parte de la atención en París, los visitantes recientes parecen preferir el Museo de Orsay. Los viajeros dicen que el museo es mucho más soportable que el a veces agobiante Louvre, y que aquí hay muchas menos multitudes. Muchos turistas afirman con confianza que este museo puede recorrerse fácilmente en unas pocas horas. Los viajeros elogian tanto la vibrante colección de pinturas del museo como la propia estructura, y muchos aclaman la arquitectura de la Belle Epoque del d'Orsay como una obra de arte en sí misma.

Recuerdos

La fecha:

10. Museo de la Orangerie

El Museo de la Orangerie, filial del Museo de Orsay, alberga una gran colección de cuadros impresionistas y postimpresionistas. Es más conocido por los cuadros ampliados de Claude Monet "Nenúfares". Los ocho cuadros colosales están divididos en dos salas ovaladas con un dosel de cristal que inunda el espacio de luz natural. Estos cuadros fueron ampliados por Monet para sumergir a los espectadores en su belleza, especialmente tras las dificultades de la Primera Guerra Mundial. Además de la serie de "Nenúfares", la colección Jean Walter-Paul Guillaume del Museo de la Orangerie incluye obras de Renoir, Cézanne, Picasso y Matisse, entre otros.

Esta galería es una visita obligada para los visitantes del museo, especialmente para los aficionados a Monet. Se sintieron aliviados al saber que se trata de una estructura bastante pequeña, lo que significa que se puede construir rápidamente si se tiene prisa. La menor superficie también significa que hay menos gente en el museo, lo que gustó a muchos visitantes.

Recuerdos

La fecha:

11. Cementerio de Pere-Lachaise

¿Es posible convertir un cementerio en una atracción turística? Si hay una ciudad que puede hacerlo, es París. El cementerio del Père-Lachaise, que ocupa unas 110 hectáreas en el distrito 20, está considerado como uno de los más bellos del mundo. También es el mayor espacio verde de París. El Père-Lachaise es una red de caminos empedrados bordeados de frondosos árboles en cascada que proporcionan la sombra perfecta para las magníficas cámaras funerarias del siglo XIX del recinto. El Père-Lachaise es uno de los cementerios más famosos del mundo, donde están enterrados desde Oscar Wilde y Jim Morrison hasta Edith Piaf y Gertrude Stein. Sin embargo, antes de ir, coja un mapa porque aquí hay 70.000 lugares de enterramiento.

Recuerdos

La fecha:

12. Palacio Garnier

La Ópera Garnier, también conocida como el Palacio Garnier, es una obra maestra del lujo arquitectónico que sigue emitiendo el mismo ambiente enigmático que tenía a finales del siglo XIX. La sensación palpable de intriga y misterio de la ópera se debe en parte a los impresionantes interiores del Viejo Mundo del Garnier, así como a Gaston Leroux, el autor de "El fantasma de la ópera", que se inspiró en el Garnier. Leroux, que incorporó con éxito a su ficción sucesos reales de la ópera (como la caída de la lámpara de araña y la muerte de un transeúnte), afirmó que el fantasma era auténtico. Mucha gente se ha preguntado si había un morador debajo de la ópera, debido a la falta de un registro histórico sólido del Garnier y a las habilidades literarias de Leroux. El personal ha afirmado lo contrario, pero es fácil ver cómo la idea podría ser tan plausible, especialmente teniendo en cuenta el genuino lago subterráneo de la ópera. La historia de Leroux podría no haberse realizado nunca si no fuera por Napoleón III, que encargó la ópera.

Recuerdos

La fecha:

13. Jardines de Luxemburgo

Los Jardines de Luxemburgo son un paraíso de clima cálido que ofrece la más sencilla de las alegrías, con mucho espacio verde (61 acres) para tomar el sol y observar a la gente, así como muchas actividades para mantener a los niños entretenidos. Cuando el ajetreo de la ciudad sea demasiado, dé un paseo por los paseos y jardines formales, o simplemente relájese con un picnic. En la Gran Dársena, los niños pueden flotar en veleros, montar en ponis, subir al tiovivo o ver una representación de marionetas en el Teatro de las Marionetas. Los adultos disfrutarán del Museo del Luxemburgo, que fue el primer museo público de Francia. Los Jardines de Luxemburgo, con 106 esculturas, incluida una réplica de la Estatua de la Libertad, pueden considerarse fácilmente un museo al aire libre en sí mismo.

Recuerdos

La fecha:

14. Museo Rodin

El Museo Rodin es una joya oculta en la ciudad, ya que es la antigua casa del famoso escultor del siglo XIX Auguste Rodin. Las expresivas esculturas de Rodin, como La mano de Dios, El beso y El pensador, entre otras, han ocupado el lugar de los muebles y los adornos de césped de mal gusto. Además de las esculturas, se exponen 7.000 bocetos del artista, así como una sección dedicada a su musa y amante, la artista Camile Claudel. Los visitantes también podrán ver obras de la colección de arte personal de Rodin, que incluye cuadros de Van Gogh.

Los visitantes más recientes consideran que las esculturas de Rodin son impresionantes, y recomiendan encarecidamente la visita incluso si no se es un experto en arte. Los impresionantes jardines del museo fueron otro gran éxito, y para algunos visitantes fueron tan importantes como el arte. Los jardines, junto con el tamaño manejable del museo, generaron un ambiente tranquilo y apacible que no se encuentra a menudo en otros destacados museos parisinos, según los visitantes.

Recuerdos

La fecha:

15. Centro Pompidou

El Centro Pompidou es uno de los destinos culturales más populares de París. Pero tenga en cuenta, como ya han confirmado otros visitantes, que si no le gusta el arte moderno, es poco probable que le guste este museo. El Pompidou es un museo dedicado al arte moderno y contemporáneo (piense en el arte cubista, surrealista y pop, entre otros). Incluso la fachada del edificio está un poco "fuera de lugar", con sus interiores (tuberías, cañerías, ascensores, escaleras mecánicas, etc.) visibles desde la calle.

En el interior del museo se encuentra una de las mayores colecciones de arte moderno y contemporáneo del mundo (más de 100.000 obras). El Museo Nacional de Arte Moderno de Francia, que alberga obras de artistas de los siglos XX y XXI, es la atracción más destacada de su interior. Aquí se encuentran grandes nombres como Matisse, Picasso e incluso Andy Warhol. El Centro Pompidou cuenta con otros lugares de exposición y entretenimiento, así como con una biblioteca, un café en la azotea y cines.

Recuerdos

La fecha:

16. Catacumbas de París

    No todos los rincones de París son tan románticos como podría imaginarse: las catacumbas, en particular, son inquietantes. Antes de la construcción de las catacumbas a finales del siglo XVIII, los parisinos enterraban a sus muertos en los cementerios. Sin embargo, a medida que la ciudad crecía, los lugares de enterramiento se quedaban sin espacio y las tumbas quedaban al descubierto, apestando los barrios vecinos. La solución se encontró finalmente en las canteras de piedra caliza situadas a 65 pies bajo París, que ofrecían un espacio adecuado y seguro para los seres queridos de la ciudad. Se tardó 12 años en trasladar 6 millones de restos de los cementerios parisinos.

    Los melancólicos túneles con calaveras y huesos que se tejen bajo el corazón de la Ciudad del Amor atraen hoy a los visitantes interesados en los muertos. Las catacumbas se extienden a lo largo de varios kilómetros alrededor de la ciudad, pero los visitantes sólo pueden ver un kilómetro y medio de ellas durante 45 minutos en la estación de metro Denfert-Rochereau (líneas 4,6 y RER B). Está prohibido intentar entrar en las catacumbas por cualquier otra entrada de la ciudad. Dado que los caminos del interior son de grava, desiguales e incluso resbaladizos en algunos puntos, es conveniente llevar un calzado resistente. Debido al carácter único de la atracción y a su popularidad, es de esperar que haya colas.

Recuerdos

La fecha:

17. Campos Elíseos

"Il y a tout ce que vous voulez aux Champs-Élysées", como cantó una vez el cantante Joe Dassin, se traduce como "Hay todo lo que puedas desear a lo largo de los Campos Elíseos". Y tiene razón. El Arco del Triunfo es un paraíso de las compras, que se extiende más de un kilómetro y medio desde el reluciente obelisco de la Plaza de la Concordia hasta los pies del Arco del Triunfo. Negocios de lujo como Louis Vuitton y Hugo Boss se codean con establecimientos menos caros como Adidas y Gap a lo largo de sus amplias y arboladas aceras.

Aunque los Campos Elíseos son sin duda un paraíso para las compras, los visitantes recientes han observado que los precios de la mayoría de las tiendas pueden ser bastante desorbitados. Y las más baratas suelen estar abarrotadas. Los Campos Elíseos no son una excepción. Al tratarse de un bulevar tan conocido en París, es de esperar que haya multitudes tanto de día como de noche. Sin embargo, a muchos visitantes les gustó empaparse del animado ambiente de los Campos Elíseos y ver a los lugareños y a los turistas ir y venir.

Recuerdos

La fecha:

18. Sainte-Chapelle

Las vidrieras de la Sainte-Chapelle no tienen rival en París. Los 1.113 episodios del Antiguo y el Nuevo Testamento de la Biblia están representados con colores vibrantes en los cristales, que se remontan a la construcción de la capilla en el siglo XIII. La Sainte-Chapelle es un valioso ejemplo de la arquitectura gótica francesa que originalmente albergaba objetos cristianos recogidos por Luis IX. Se construyó en menos de siete años. Entre 2008 y 2014, la estructura fue reparada a fondo y ahora está abierta al público todos los días del año, excepto el día de Navidad, el de Año Nuevo y el 1 de mayo (Día del Trabajo en Francia). Para los mayores de 25 años, la entrada cuesta 10 euros (unos 11 dólares) por persona, con entradas gratuitas para los residentes de la UE. Las visitas guiadas duran 45 minutos y están disponibles entre las 11 y las 15 horas.

Recuerdos

La fecha:

19. su río

El Sena atraviesa el centro de París, así que no le costará encontrarlo. El río es una de las vías fluviales más conocidas del mundo, y es un destino turístico en sí mismo. Además, tiene un propósito funcional: fluye de este a oeste, dividiendo la ciudad en las orillas izquierda y derecha. Saber dónde está usted con respecto al Sena le ayudará a navegar por la ciudad durante su visita.

El río suele servir de fondo fotográfico para los visitantes, pero es un elemento vital para la gente. Es una fuente constante de agua, un importante corredor de tránsito y un conducto vital para diversos tipos de comercio. Desde el siglo III, también ha sido fuente de alimentación para muchos pescadores. El río Sena fue designado Patrimonio de la Humanidad por la UNESCO en 1991 debido a su valor cultural histórico y contemporáneo.

Recuerdos

La fecha:

20. Galerías Lafayette París Haussmann

Los grandes almacenes Galeries Lafayette Paris Haussmann son un espectáculo para la vista, tanto si se pretende comprar como si no. Lo que comenzó como una modesta tienda de curiosidades en 1893 se ha convertido en una megatienda de 750.000 metros cuadrados con cientos de marcas que van desde selecciones asequibles como Levi's y Nike hasta marcas de alta gama como Prada y Cartier. Y, cuando esté cautivado por la interminable variedad de artículos con estilo, no olvide mirar hacia arriba. La espectacular cúpula neobizantina de cristal, que se eleva 141 pies sobre el suelo, es la pieza clave del bazar de lujo. En la última planta del rascacielos hay también una pasarela de cristal que permite a los visitantes más atrevidos asomarse a toda la emoción que hay debajo.

Varios visitantes recientes han calificado las Galerías Lafayette como el centro comercial más bello del mundo, señalando que la majestuosa estructura es un destino en sí mismo, incluso si no se compran productos caros. También recomiendan visitar la azotea del complejo, que está abierta a los visitantes de forma gratuita y ofrece unas vistas increíbles de la ciudad.

Recuerdos

La fecha:

21. Louis Vuitton Foundation

La Fundación Louis Vuitton, abierta al público desde octubre de 2014, es una idea del grupo LVMH (propietario de la marca de moda de lujo Louis Vuitton) y del renombrado arquitecto estadounidense Frank Gehry. Gehry también creó el Museo Guggenheim de Bilbao (España) y la Sala de Conciertos Walt Disney de Los Ángeles, entre otros prestigiosos museos, edificios académicos y residencias. El diseño audaz y futurista de la Fundación destaca entre la plétora de estructuras centenarias de París, con paneles de cristal curvados y hormigón liso. En su interior, encontrará exposiciones permanentes y temporales con colecciones de arte moderno y contemporáneo. La misión del museo es promover el arte y la cultura en las afueras de París, y lo consigue atrayendo a más de un millón de visitantes cada año. Los visitantes apreciaron la maravilla arquitectónica y los jardines que la rodean, así como las interesantes exposiciones del interior, a pesar de que la ubicación del museo en el distrito 16 está un poco alejada de la carretera principal. Sugirieron comprar la entrada con antelación para evitar las enormes esperas. El edificio fue criticado por estar demasiado lejos de la estación de metro más cercana (unos 15 minutos a pie), así que téngalo en cuenta a la hora de planificar su visita.

Memories

Date:

22. Janitorial

 La Conciergerie, située près de la Sainte-Chapelle, était à l'origine une résidence royale pour de nombreux dirigeants français. Le roi Charles V et le reste des habitants du palais ont déménagé au Louvre à la fin du XIVe siècle. La structure abandonnée a finalement été convertie en nouveau parlement et en espace de bureaux du royaume. La Conciergerie, quant à elle, a servi de prison pour les délinquants politiques et de droit commun tout au long de la Révolution française (et pendant de nombreuses décennies par la suite). Elle est surtout connue pour avoir hébergé Marie-Antoinette, la reine déchue de France, dans les semaines qui ont précédé son exécution à la guillotine en octobre 1793. La cellule d'Antoinette a été transformée en chapelle au XIXe siècle, et l'ensemble de l'édifice a été classé monument historique et ouvert au public en 1914.

 Les visiteurs peuvent payer entre 7 et 9 euros (8 à 10 dollars) par personne pour entrer sur le site. Les visiteurs récents ont déclaré que le site est un régal pour les passionnés d'histoire, surtout s'ils lisent les inscriptions informatives et visionnent les vidéos instructives situées autour de la structure. D'autres ont suggéré que si vous n'êtes pas très intéressé par la Révolution française ou Marie-Antoinette, les cellules de prison vides et les salles lugubres peuvent être un peu ennuyeuses. Le bâtiment médiéval, dont on dit qu'il est magnifique à l'intérieur comme à l'extérieur, est un point sur lequel tout le monde semble d'accord.

Souvenirs
Date :

23. Panthéon

Le Panthéon, une église massive et un cimetière dans le Quartier latin de Paris (ou 5e arrondissement), a une longue et illustre histoire. Au cours de ses premières années, la structure a servi de mausolée, d'église et de musée d'art, et a été achevée en 1789, au début de la Révolution française. Pour montrer la rotation de la Terre, le scientifique Léon Foucault a construit le pendule de Foucault dans le bâtiment en 1851. Le pendule a été retiré et remplacé plusieurs fois avant d'être remplacé par une copie en 1995, qui est toujours utilisée aujourd'hui. Voltaire, Jean-Jacques Rousseau et Marie Curie font partie des nombreux historiens, philosophes, scientifiques et écrivains de renom enterrés dans la crypte du Panthéon.

Les visiteurs récents ont apprécié les tombes des personnalités du musée et le pendule de Foucault. Ils ont également suggéré de faire une visite guidée du dôme pour profiter d'une vue spectaculaire de Paris ; du sommet, vous pourrez voir la tour Eiffel, ainsi que de nombreux autres sites bien connus. Néanmoins, plusieurs personnes se sont plaintes que le prix d'entrée était excessif.

Souvenirs

Date :

24. jardin des Tuileries

Le Jardin des Tuileries est un jardin public gratuit de 55 acres situé au cœur de Paris, entre le Louvre et la place de la Concorde. Le parc a été inscrit sur la liste du patrimoine mondial de l'UNESCO en 1991 (dans le cadre des berges de la Seine) et est accessible au public depuis le XVIIe siècle, bien qu'il ait été créé principalement au profit de la famille royale et de la cour. Les espaces verts ont joué un rôle important dans l'histoire de la France. Les dignitaires étrangers se réunissaient autrefois dans le Jardin des Tuileries pour des réunions, et le cortège de Napoléon et de Marie-Louise traversait les jardins pour se rendre au dîner de noces du couple, aujourd'hui disparu, au Palais des Tuileries.

Les Parisiens et les touristes aiment se promener dans les allées bordées d'arbres du parc, pique-niquer sur la pelouse ou simplement observer les gens depuis un banc. Selon des visiteurs récents, le parc est un endroit idéal pour se détendre sur le chemin du Louvre. Le musée de l'Orangerie, situé à l'extrémité sud-ouest du parc, est également à proximité. Il y a trois restaurants, une librairie, un carrousel et d'autres attractions dans les jardins.

Souvenirs

Date :

25. The Marsh

   Le Marais est l'un des quartiers les plus anciens et les plus branchés de Paris, à cheval sur les 3e et 4e arrondissements. Il est tellement branché que le romancier français Victor Hugo (auteur du "Bossu de Notre-Dame" et des "Misérables") en a fait son quartier. Il est facile de s'imaginer se promener dans le Paris médiéval, avec ses ruelles pavées, ses imposantes structures en pierre et ses cours intérieures. Le Marais abritait autrefois d'importants membres de la royauté française. La création de la place des Vosges, la plus ancienne place de Paris, a été supervisée par le roi Henri IV. Pendant un temps, Louis XIV a élu domicile dans ce quartier avant de décider de transférer sa famille et sa cour à Versailles. Une grande partie du Marais a également été épargnée pendant la guerre d'indépendance française.

Souvenirs   Date :

www.ingramcontent.com/pod-product-compliance
Lightning Source LLC
Chambersburg PA
CBHW070940080526
44589CB00013B/1579